KB062629

101 Things I Learned in Film School

영화학교에서 배운 101가지

101 Things I Learned in Film School

영화학교에서 배운 101가지

닐 랜다우 • 매튜 프레더릭 지음
매튜 프레더릭 그림
임찬 • 정지인 옮김

101 THINGS | LEARNED™ IN FILM SCHOOL

Copyright ©2011 by Matthew Frederick

This edition published by arrangement with Grand Central Publishing, NewYork, NewYork, USA.
All right reserved.
Korean Translation Copyright ©2011 by Dongnyok Publishers
This translation is published by arrangement with Grand Central Publishing, NewYork, NewYork, USA.
through Imprima Korea Agency

영화학교에서 배운 101가지

초판 1쇄 펴낸날 2011년 12월 23일
초판11쇄 펴낸날 2023년 12월 15일

지은이 닐 랜다우·매튜 프레더릭 **그림** 매튜 프레더릭 **옮긴이** 임찬·정지인
펴낸이 이건복 **펴낸곳** 도서출판 동녘

등록 제311-1980-01호 1980년 3월 25일
주소 (10881) 경기도 파주시 회동길 77-26
전화 영업 031-955-3000 편집 031-955-3005 **전송** 031-955-3009
홈페이지 www.dongnyok.com **전자우편** editor@dongnyok.com

ISBN 978-89-7297-664-6 (03680)

• 잘못 만들어진 책은 바꿔 드립니다.
• 이 도서의 국립중앙도서관 출판시도서목록(CIP)은 e-CIP홈페이지(http://www.nl.go.kr/ecip)와 국가자료공동목록시스템
  (http://www.nl.go.kr/kolisnet)에서 이용하실 수 있습니다. (CIP제어번호: CIP2011005000)

나의 선생님인 파멜라 롱, 캐럴린 시, 신시아 위트콤,
  그리고 생존의 법칙을 가르쳐주신 어머니에게…
                                              −닐

책을 내면서

고등학교를 졸업한 후, 영화에 대해 알 만큼 알았다고 생각했다. 하지만 UCLA의 영화학교에서 일주일을 보내고 현실을 깨달았다. 난 완벽한 '무지렁이'였다. 나를 둘러싼 모든 것에 압도당했고 겁을 먹었다. 정말이지, 때려치우고 싶었다.

그리고 얼마 후 로만 폴란스키의 〈테넌트Tenant〉1976를 분석하는 수업이 있었다. 평소와 다름없는 수업이었지만 난 완전히 푹 빠져 버렸다. 모든 프레임에서 폴란스키 특유의 스타일을 통해 주제를 전달하고 있는 게 아닌가. 편집증, 충동, 괴팍함, 정신 이상, 강박증, 그리고 비틀린 유머까지 모두 있었다. 어떤 디테일도 '그냥' 들어간 건 없었다. 골루아즈 담배 한 갑은 불길한 무언가의 상징이었다. 아파트 벽에 새겨진 이집트 상형문자는 무덤을 떠올리게 했다. 창가로 다가가는 카메라는 불길한 기운이 가득했고, 삐걱대는 마룻바닥과 파이프의 신음 소리는 주인공의 마음속을 사정없이 파고들었다.

이런 집요한 분석은 영화의 즉흥성과 오락성, 그리고 신비로움을 깨뜨리는 것이 아니라 오히려 영화를 더욱 풍요롭게 한다는 걸 알았다. 이때부터 내게 영화 제작은 대단하게 다가왔다.

그 후 20여 년 동안 학생을 가르치고, 대본을 쓰고, 영화를 만들면서 계속 드는 고민이 있다. 영화를 만드는 창의적 작업은 고통스러울 정도로 신중해야 하지만 예상불가능한 과정이라는 것이다. 이 과정을 탐색하며 나만큼 갈팡질팡했던 학생들, 그리고 더 의미 있는 단계에서 영화를 경험하고자 하는 이들에게 이 책을 권한다. 앞으로 나오게 될 101가지의 수업이 영화 제작 과정에 더 큰 열정과 감동을 불러일으키길 바란다.

닐 랜다우

감사의 말

닐

할 애커먼, 알렉산더 아코포프, 제인 앤더슨, 존 번스타인, 로스 브라운, 월터 클렌하드, 데이비드 코에프, 앨리슨 리디브라운, 드니즈 만, 로리 메게리, 게리 로스, 줄리 사이레스, 리처드 월터, 재크 제리스, 그리고 365일 내내 날 견뎌야 했던 트렌트 파에게 감사를 표한다.

매튜

캐런 앤드류스, 데이비드 블라이스델, 소르카 페어뱅크, 이선 길스도르프, 폴 줄리노, 제시카 핸들러, 트레이시 마틴, 카밀 오가로, 재닛 리드, 칼리 시멕, 팀 스타우트, 플래그 토누치, 톰 와틀리, 그리고 릭 울프에게 감사를 표한다.

101 Things I Learned in Film School

영화학교에서 배운 101가지

닐 랜다우 • 매튜 프레더릭 지음

매튜 프레더릭 그림

임찬 • 정지인 옮김

동녘

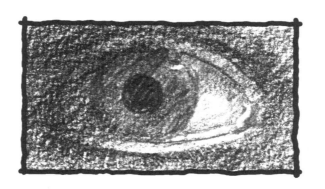

〈시카고〉의 첫 장면

첫 장면은 강하게

첫 장면은 영화 전체의 주제를 암시하고 줄거리 방향에 대한 호기심을 불러일으켜야 한다. 〈워킹걸〉은 자유의 여신상의 항공촬영 샷으로 시작한다. 이 장면 하나로 영화의 배경이 뉴욕이고 주제가 여성의 독립임을 한눈에 알 수 있다.

또 첫 장면은 주제와 이야기의 전개 방향뿐 아니라 영화의 백스토리back-story를 보여 주기도 한다. 거칠게 둘러쳐 있는 판자와 건초 뭉치가 굴러다니는 마을로 시작하는 오프닝은 폐허가 된 영화의 배경을 묘사하고, 그와 함께 꽃이 핀 선인장을 화면 구석에 담아내면, 황폐함 속에서도 솟아나는 새로운 희망을 암시한다.

1   "여기 있을 줄 알았어."

2   "누가 들여보내 준 거야?"

3   "상관없잖아. 얘기 좀 해."

4   "넌 여기 오지 말았어야 했어."

늦게 시작하자.

영화의 스토리는 합리적으로 가장 짧게 축약해서 본론부터 시작해야 한다. 주인공의 일상 세계를 설정하는 데 너무 많은 시간을 쏟거나, 3일이면 가능한 이야기를 3주 동안 장황하게 풀면 영화가 너무 느슨해진다.

불필요한 등장과 인사말로 각 신scene의 소중한 시간을 낭비하지 말자. 신이 중간부터 시작할 수 있는지 잘 보자. 대사의 처음 두 줄이나 마지막 두 줄을 잘라내면 신은 더욱 힘을 받는다.

"완다가 내 곁을 떠났을 때, 너무 힘들어서 죽어버리고 싶었어."

말한다

보여 준다

말하지 말고, 보여 주자.

영화는 본질적으로 시각 매체다. 이야기나 캐릭터는 말로 설명하기보다 눈으로 보여 줘야 한다. 내면의 심리, 숨겨진 과거, 그리고 감정의 갈등과 같은 보이지 않는 부분을 표현하려면 직접적인 설명보다 잘 만들어진 시각적 단서가 훨씬 효과적이다. 말하지 않고 보여 준다면, 더 중요한 것을 화면에 담을 시간을 벌게 된다.

영화 제작의 3단계

프리 프로덕션 촬영 첫날 전까지의 모든 활동을 말한다. 예산 짜기, 캐스팅, 대본 수정, 장소 헌팅, 세트 제작, 프로덕션 보드* 만들기, 스태프 고용 등이 해당된다. 기간은 여러 달 혹은 몇 년이 걸릴 수도 있다.

프로덕션 카메라가 돌기 시작할 때부터 주요 촬영을 모두 끝마칠 때까지다. 4주에서 12주 혹은 그 이상이 소요되며, 메이저 영화사에서는 보통 80일 정도 잡는다.

포스트 프로덕션 프로덕션이 끝나기 전부터 시작한다. 신이 촬영되는 대로 편집자는 영화의 가편집본을 만들기 시작한다. 여기에 시각 및 음향효과와 음악을 입힌다. 배우의 대사가 들리지 않거나 톤이 잘못된 경우에는 추가로 대사 녹음을 진행한다. 포스트 프로덕션은 몇 개월이 걸리며, 첫 편집본은 보통 촬영 마지막 날로부터 10주 후에 나온다.

* 해당 신을 언제 어디서 찍을지 보여 주는 스케줄

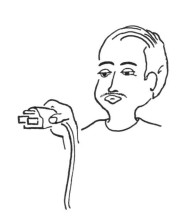

영화 용어

허니 왜건honey wagon 촬영장에 있는 이동식 간이 화장실

크래프트 서비스craft service 간식 제공 테이블. 한국은 티 테이블

런치lunch 스태프들에게 지급하는 식사. 언제 주는지는 상관없다. 한국은 밥 신

더 데이the day 촬영일. "더 데이에 살아 있는 악어가 필요할 것이다."

더 쇼the show 영화나 TV 프로그램. "우리는 저 쇼에서 함께 일했다."

기브 미 섬 러브give me some love 전기 연결해 줘.

키 그립key grip 세트나 장비를 관장하는 총책임자. 한국은 그립 팀장

베스트 그립best grip 세트나 장비를 관장하는 부책임자

개퍼gaffer 조명 기사

체크 더 게이트check the gate 렌즈에 이물질이 있는지 확인하는 과정. 만약 렌즈에 털같이 가는 물체라도 묻어 있다면, 다시 찍어야 한다.

애비 싱어 Abby Singer[•] 그날의 마지막 샷의 바로 전 샷 스태프들은 철수를 준비한다.

마티니Martini 그날의 마지막 샷 한국은 막 신

• 1950년대부터 80년대까지 할리우드에서 일한 조감독. 촬영 막바지에 항상 마지막 샷의 바로 전 샷을 외치는 걸로 그날의 일정을 스태프에게 알렸다.

〈리벤지〉
예산 내역

범주	추산 비용
대본/판권	500,000
프로듀서	450,000
가법률 비용	15,000
감독	250,000
출연료	840,000
직접비 총계	**$2,055,000**
인건비	325,000
미술비	80,000
세트 건설	250,000
세트 운용	200,000
허가/면허 비용	10,000
장소 사용료	50,000
스튜디오 대여	25,000
운송	40,000
편집실	180,000
음악	80,000
음향	110,000
보험/세금/수수료	65,000
추가 법률 비용	25,000
홍보	100,000
잡비	100,000
간접비 총계	**$1,640,000**
총비용 가추산액	**$3,695,000**
15% 예비비	**554,250**
총예산 추산액	**$4,249,250**

직접비와 간접비

영화 예산은 직접비와 간접비로 구성된다.

직접비 영화를 제작하는 데 필요한 '티켓 파워'와 관련한 항목에 쓰는 비용으로, 저작권 관련 비용, 감독과 프로듀서, 작가와 배우들의 개런티를 포함한다.

간접비 실제로 제작하는 과정에서 쓰는 전반적인 비용과 관련이 있다. 스튜디오 임대료, 세트 건립과 드레싱가구와 소품 설치, 장비 구입과 대여, 장소 사용료, 차량, 스태프, 야외 로케이션 유지 비용, 식사, 추가적인 법률 비용, 음악, 편집 등이 여기에 속한다.

메이저 영화사는 항상 직접비를 간접비보다 훨씬 많이 쓴다.*

---

* 드라마에서는 위의 모든 내용이 직접비에 해당한다. 간접비에는 본사나 외주 제작사 직원의 인건비 등이 있다.

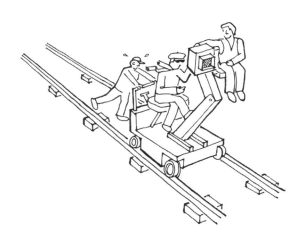

액션을 따라가자.

카메라는 관객의 눈이다. 극장에 앉은 관객은 배우의 연기에 최대한 몰입하고 싶어 한다. 카메라의 위치 선정과 무빙, 그리고 줌 기능을 통해 관객에게 최적의 화면을 제공하자.

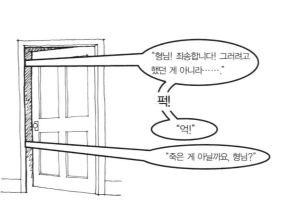

액션을 숨기자.

때때로 호기심과 음모는 관객이 배우의 행동을 직접 볼 수 없을 때 가장 잘 전달되기도 한다. 중요한 대화는 직접 보여 주는 것보다 벌어진 문틈 사이로 들려 주는 것이 더 흥미진진하다. 신체적 폭력은 보이지 않고 들릴 때 더 잔인하게 느껴지기도 한다. 자주 등장했지만 완전히 드러난 적 없는 기발한 캐릭터는 대단한, 심지어 신비로운 존재감을 얻는다.

차츰 긴장감을 조성하고, 모든 것이 밝혀졌을 때의 충격을 크게 하려면 '적당히' 보여 주면서 관객을 끌고 가자.

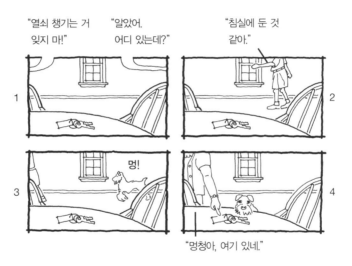

고정 발견 샷

액션을 발견하자.

발견 샷discovery shot은 관객을 장면 한가운데에 놓고 액션을 선택적으로 보여 준다.

이동 발견 샷 시각을 강조한다. 방에 몰래 들어와 두리번거리는 스파이의 느낌을 준다. 일반적으로 시선은 액션에서 떨어져 있는 곳부터 시작한다. 그런 뒤 카메라는 신의 주요 액션을 향해 점점 이동한다. 예를 들어, 카메라가 팬pan●하면 먼저 침대의 빈 구석을 비춘다. 그리고 열정적으로 사랑을 하고 있는 두 남녀를 보여 준다. 마침내 카메라가 멈추면 문 앞에 총을 든 사내가 나타나게 된다. 핸드헬드hand-held 기법은 긴박함과 서스펜스를 더한다. 누군가 사건이 벌어진 장소에 들어와 이것저것 죽 훑어보고 증거를 찾는 장면 등을 예로 들 수 있다.

고정 발견 샷 청각을 강조한다. 카메라는 고정된 상태에서 등장인물을 발견한다. 등장인물의 상황을 제한된 시각으로 바라보면서 관객에게 몰래 엿듣는 느낌을 전해 준다. 보통 카메라는 고정되어 있고 연기자가 프레임에 들락날락하면서 상황이 드러난다.

● 카메라를 좌우로 움직이며 촬영하는 기법

화면에 심리를 반영하자.

포커스의 변화 선명하게 보이는 인물이 흐릿한 군중 속으로 걸어 들어가면 불확실한 미래를 암시한다. 인물이 흐릿한 배경에서 선명한 전경으로 나오면 그의 가치나 우선순위가 현실화되는 것을 의미한다.

로 앵글앙감 인물을 올려다보는 시각은 캐릭터를 강하게 보여 준다. '영웅 샷'으로도 알려져 있다.

하이 앵글부감 인물을 내려다봄으로써 캐릭터가 힘없고 보잘것없음을 나타낸다.

틸트 앵글 지평선이 비스듬하거나 기울어져 있어 무언가 물리적으로 혹은 심리적으로 잘못되거나 균형을 잃었음을 보여 준다.

오버 더 숄더 인물이 공격받아 상처받기 쉽고, 반격할 준비가 되었음을 보여 준다.

핸드헬드 샷 바쁜 응급실이나 범죄 현장처럼 혼란의 한가운데서 안절부절못하는 느낌을 살려 준다.

캐릭터의 평생

백스토리 | 영화 내용 | 미래

백스토리를 장악하자.

백스토리, 즉 뒷이야기는 영화가 시작하기 전에 일어났던 일이다. 어린 시절의 트라우마, 최근에 겪은 위기, 오랜 원한, 극 중 배경의 내력 등이 있다. 영화는 무심코 드러난 단서를 통해 뒷이야기를 간접적으로 전달해야 한다. 샤넬 정장을 입고 직업소개소에 앉아 있는 여자의 모습은 그녀의 인생에 드라마틱한 변화가 있었음을 보여 준다. "넌 아직 그 남자를 사랑해?"라는 대사 한마디로도 상대방의 연애사를 알 수 있다. 오랜 시간 있어 왔던 일도 단 한 번의 사건으로 표현이 가능하다. 남편이 부부싸움 끝에 문을 쾅 닫고 나가면 아내는 그를 향해 하이힐을 던진다. 이때 하이힐 자국이 문에 수십 개 찍혀 있으면 이 싸움이 예전부터 있어 왔음을 알 수 있다.

이야기를 전개하는 데 어려움이 생기면 백스토리를 살펴보자. 빈약한 뒷이야기는 영화 전체에 어두운 그림자를 드리운다.

하자 있는 주인공이 훨씬 매력적이다.

경험이 부족한 영화 제작자는 보통 하자 있는 주인공을 마음에 들어 하지 않는다. 그들은 주인공이 호감형이면 좋겠고 그들의 목적이 숭고하길 바란다. 그러나 전지전능한 영웅은 관객에게 긴장감을 주지 못한다. 뭐든지 잘하는 주인공을 무엇하러 걱정하겠는가?
관객은 보통 캐릭터의 모순과 단점에 매력을 느낀다. 완벽한 캐릭터보다 우리가 흔히 저지르는 특이한 행동과 실수를 저지르는 캐릭터가 훨씬 매력적이다.

〈양들의 침묵〉에서 한니발 렉터 역을 맡은 앤서니 홉킨스

적대자는 진실을 뒤엎는다.

주인공은 본인이 추구하는 진실을 향해 나아간다. 이를 알고 있는 적대자는 그 진실을 뒤엎기 위해 노력한다. 종종 주인공과 적대자는 같은 진실을 두려워한다. 로맨틱 코미디물에서는 주인공의 애정 자체가 적대자로 작용하며, 이를 통해 흔들리는 진실은 '사랑을 깨닫거나 이루는 과정'이다. 애정이라는 감정이 주인공에게서 비롯되었기 때문에 적대자로 느껴지지 않을 뿐이다.

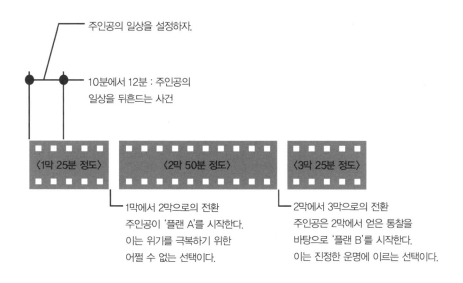

주인공의 일상을 설정하자.

10분에서 12분 : 주인공의
일상을 뒤흔드는 사건

〈1막 25분 정도〉

〈2막 50분 정도〉

〈3막 25분 정도〉

1막에서 2막으로의 전환
주인공이 '플랜 A'를 시작한다.
이는 위기를 극복하기 위한
어쩔 수 없는 선택이다.

2막에서 3막으로의 전환
주인공은 2막에서 얻은 통찰을
바탕으로 '플랜 B'를 시작한다.
이는 진정한 운명에 이르는 선택이다.

할리우드 영화의 일반적인 3막 구조

시작, 중간, 끝

작품의 기획, 제작, 후반 작업 등 모든 단계는 '3막 구조'를 수립하고 강화하는 쪽으로 향해야 한다.

1막 : 갈등을 설정하라
주인공의 일상생활을 보여 주고, 이를 뒤흔드는 격한 사건을 만들자. 그리고 이 사건에 대한 주인공의 입장을 분명히 보여 주되, 더 이상 평온한 일상으로 돌아갈 수 없는 그의 상황을 설정하자.

2막 : 갈등을 복잡하게 만들라
갈등은 점점 깊어지고 넓어진다. 그리고 주인공의 최초 대응이 적절하지 못했음이 밝혀진다.

3막 : 갈등을 해결하라
사건은 결국 절정과 결말을 향해 다가간다.

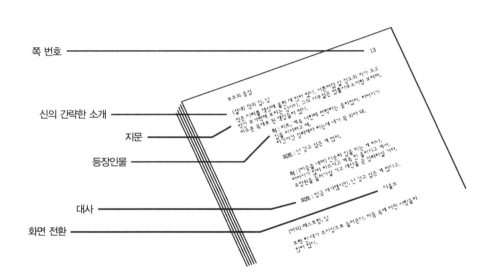

쪽 번호 ——————————————— 13

신의 간략한 소개 ————

지문 ————

등장인물 ————

대사 ————

화면 전환 ————

우주의 중심
(실내) 책의 집, 낮
젊은 디비를 책상에 올린 채 앉아 있다. 서른여덟 살 정도의 키가 크고
약간 우기벽에 몰이는 남자다. 그의 사무실은 넓을 대로소처럼 보이며,
어두운 목재로 된 책상들이 있다.
책 : 피트, 계속 너한테 연락하는 중이었어. 아버지가
질을 마시려고 왜,
이것저것 정비해야 하는데 네가 꼭 와야 돼.

피트 : 난 갖고 싶은 게 없어.

책 : (비층을 내며) 단순히 질을 파는 게 아냐.
아버지가 집에 이르시고 계속이 좋아지고 계셔,
묘양원을 들어가실 거고 재산을 곧 정비하실 거야.

피트 : 방금 애기했지만, 난 갖고 싶은 게 없다고.

디졸브

(야외) 레스토랑, 낮
트럭 한 대가 주차장으로 들어온다. 이동 속에 어떤 사람들이
앉아 있다.

대본 1쪽=러닝타임 1분

90~120쪽짜리 대본의 영화는 실제 러닝타임도 90~120분 정도다.* 코미디, 공포, 애니메이션, 그리고 가족물은 보통 더 짧아진다. 이는 장르의 특성상 관객이 집중하는 데 시간적 한계가 있기 때문이다. 긴장감과 오싹함과 큰 웃음을 두 시간 내내 주기란 힘들다. 인물 중심의 드라마는 보통 가장 길다. 백스토리를 밝히고, 인물의 심리를 탐구하고, 캐릭터를 구축하는 데에는 시간을 들여 표현할 필요가 있기 때문이다.

* 국내의 제작 환경에서는 이를 절대적인 기준으로 삼을 수 없다. 작가나 장르에 따라 차이가 있지만, 보통 70분 연속물 드라마는 A4 용지 30장 정도다.

주인공과 적대자가 대등할수록 긴장감은 더욱 커진다.

무엇이 '위험'한가?

위험 요소를 쉽고 명확하게 보여 주자. 주인공이 자신의 일상에서 가장 중요하게 생각하는 것과 그가 적대자에게 패배했을 때 무엇을 잃는지 밝혀야 한다. 영화의 주요 긴장감은 부정적인 침입으로부터 주인공이 소중히 여기는 일상의 가치를 지키려는 노력에서 생긴다. 긴장감이 부족한 이야기는 보통 (1) 위험 요소가 엉성하게 규정되어 있거나 (2) 위험 요소가 충분히 위협적이지 않거나 (3) 적대자가 충분히 위협적이지 않기 때문이다.

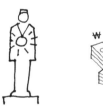   

눈에 보이는 목표를 만들자.

주인공의 목표는 처음엔 추상적이어도 이야기가 진행될수록 반드시 구체적으로 드러나야 한다. 목표를 눈에 보이게, 명백하게, 그리고 생동감 있게 만들자. 결백을 증명하기, 악당을 무찌르기, 미스터리를 풀기, 물건이나 지식을 얻기, 이벤트를 열기, 상을 받기 등의 목표를 설정할 때 이를 항상 고려해야 한다.
앨프리드 히치콕 감독의 영화에서 유래한 '맥거핀'이란 용어는, 극 초반에 주목받는 특정 목표이지만 영화 전체로 봤을 땐 큰 의미 없는 것으로 밝혀지는 속임수를 뜻한다.

완벽한 피치를 준비하자.

피치pitch는 영화 제작자에게 전달하는 극본 혹은 영화 아이디어에 대한 간략한 요약보통 10분 이하이다. 피치를 할 때는 다음 사항에 유의한다.

1. 영화에 대한 아이디어를 한마디로 정리하자. 그렇게 못하면 그 아이디어는 피치할 만한 것이 아니다.

2. 장르와 톤, 시대, 그리고 주요 설정을 확립하자.

3. 주인공을 소개하고, 무엇이 주인공을 움직이는지 설명하자.

4. 시작, 중간, 끝의 사건을 감정의 대립을 중심으로 생생하게 전달하자. 모든 것을 말해야 한다는 걱정은 접어 두자.

5. 중요한 부분의 설명을 놓쳤다면, 이전 단계를 되짚을 때 주의해야 한다. 그냥 넘어가는 것보다 듣는 이가 더 혼란스러워질 수 있기 때문이다. 혼란스러워 하는 것처럼 보이면, 자신의 말을 이해하고 있는지 정중히 물어 보자.

6. 만약 코미디 극본을 이야기한다면 '재미있다'고 말하지 말자. '재미있게' 말하자.

7. 영화 관계자가 전화를 받느라 피치가 중단되면 담담해질 필요가 있다. 이번엔 작품을 팔지 못했지만 서로 안면을 튼 것만으로도 충분히 의미가 있다.

8. 흥미를 유발하는 높은 톤으로 피치를 마치자.

엘리베이터에서 20~30초 안에 설명할 수 있는 피치도 준비하자. 유명한 영화 제작자를 우연히 마주칠 때 쓸 수 있다.

"그래서요, 남자는요 '절대 안 돼' 라고 하고, 여자가 '돼!'라고 얘기하면 남자가 여자를 '빵' 하고 총을 쏴요. 그리고 그러면 여자가, 그 있잖아요, 완전 널브러져 가지고 진짜 지저분하고요, 그러면 남자는 '헐~' 이러고 있다가 다른 남자가 나와서는요…"

"뭐라는 거야."

하이콘셉트 영화가 아니다

하이콘셉트 영화*는 한 문장으로 설명할 수 있다.

영화나 TV의 아이디어를 파는 것은 어렵다. 그러나 영화 전체를 한 문장으로 명확히 말할 수 있다면 아이디어를 훨씬 쉽게 팔 수 있다. 예를 들면, 다음과 같다.

- 백만장자 무기 발명가가 무적의 고성능 갑옷을 입고 테러리스트와 싸운다. 〈아이언맨〉
- 20분 안에 10만 마르크를 얻지 못하면 그녀의 남자 친구가 살해당한다. 〈롤라 런〉
- 나이를 거꾸로 먹는 남자, 그리고 자연 그대로 나이가 드는 그의 연인. 〈벤자민 버튼의 시간은 거꾸로 흐른다〉
- 인생에 불만이 많은 일기예보관이 항상 같은 날 깨어난다. 〈사랑의 블랙홀〉

* 줄거리나 스타급 연기자, 마케팅 가능성을 결합해 막대한 수익을 올릴 수 있는 영화

강력한 '그러나'가 있어야 한다.

확실한 '그러나'는 성공적인 2막의 필수불가결한 요소다. 예를 들면, "메리는 마피아에게 콜롬비아에서 이탈리아로 마약을 운반하기로 약속했다. '그러나' 그녀는 비행기를 무서워한다." 강한 '그러나'가 없으면, 이야기를 끌고 갈 충분한 긴장감, 갈등, 아이러니 또는 유머가 부족해진다. 강력한 '그러나'는 영화를 주요 갈등이 펼쳐지는 2막으로 자연스럽게 이끌고 간다.

죽음은 로쟁을 덮치고,
로쟁은 고통에 몸부림친다

〈사인펠드〉®를 기리며

좋은 제목은 영화 그 자체를 말한다.

효과적인 제목은 영화가 무엇에 관한 것인지 있는 그대로 전달한다. 주요 내용, 주인공의 탐험, 장소, 주제, 장르, 그리고 종종 이 모든 것을 포함한다. 강한 제목은 한두 단어로 많은 것을 말하고〈스피드〉, 〈죠스〉, 장소를 환기시키거나〈월 스트리트〉, 〈파고〉, 위험을 암시한다〈리셀 웨폰〉, 〈패닉 룸〉. 잘 쓴 제목은 호기심〈양들의 침묵〉, 〈벤자민 버튼의 시간은 거꾸로 간다〉, 위험〈드레스드 투 킬〉, 〈은밀한 유혹〉, 미스터리〈왓 라이즈 비니스〉, 〈서스피션〉, 그리고 유머〈40살까지 못해본 남자〉, 〈에이스 벤추라 : 동물탐정〉 등을 불러일으킨다. 몇몇은 듣자마자 딱 알 수 있거나〈록 스탁 앤 투 스모킹 배럴즈〉 말장난 같은〈금발이 너무해〉, 〈산타클로스〉** 제목도 있다.

• 미국 TV 시트콤 〈사인펠드Seinfeld〉에서 매번 등장하는 영화 시리즈, 로셀이라는 캐릭터가 주인공이다.

•• Santa Clause, 즉 산타의 조건이란 뜻으로 'Santa Claus'와 동음이의어

21

플롯

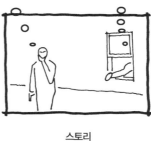

스토리

플롯은 눈에 보이는 사건이고 스토리는 그 이면의 상황이다.

플롯은 영화에서 일어난 사건을 뜻하고, 스토리는 그 사건에 대해 등장인물들이 느끼는 바를 의미한다. 〈다크 나이트〉에서 플롯은 배트맨이 미치광이 조커로부터 고담 시를 수호하는, 나쁜 놈에 대항하는 착한 놈의 설정이다. 그러나 〈다크 나이트〉의 스토리는 고담 시의 정의를 지키기 위해 배트맨이 악역을 자처해야 하는 상황을 이야기한다.

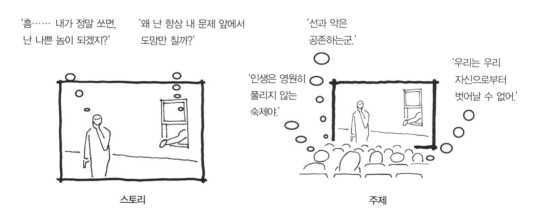

'흠…… 내가 정말 쏘면, 난 나쁜 놈이 되겠지?'

'왜 난 항상 내 문제 앞에서 도망만 칠까?'

스토리

'선과 악은 공존하는군.'

'우리는 우리 자신으로부터 벗어날 수 없어.'

'인생은 영원히 풀리지 않는 숙제야.'

주제

스토리는 영화 내 특정 인물과 관련 있고,
주제는 보편적인 인간성과 관련 있다.

주제는 영화를 통해 드러나는 인생에 관한 진실이며, 인간 본질의 고뇌와 관련된다. 예를 들어, '정직이 최선이다', '사랑은 모든 것을 이겨 낸다', '한 명의 용기 있는 목소리가 모든 것을 바꾼다', '당신이 누구인지 솔직해져라', '당신의 욕망이 스스로를 파멸시킬 수 있다' 등을 들 수 있다.

영화는 한 가지 이상의 주제를 담을 수 있다. 그러나 핵심 주제에 대해서는 감독과 관객의 생각이 다를 수 있다.

누구의 이야기인가?

시점주로 주인공의 시점은 영화를 주도한다. 시점은 영화 안에서 이동할 수도 있다. 예를 들면, 집주인이 문을 열어 주기 전에 문에 난 구멍을 들여다보면, 관객은 집주인의 시각에서 어안 렌즈에 비쳐진 왜곡된 형태의 방문객을 보게 된다. 또 대통령을 기다리는 한 무리의 기자를 보여 주고, 이어서 신경질적인 핸드헬드 카메라로 초조한 군중 사이에 관객을 놓을 수 있다. 시점은 보통 두 가지로 구분된다.

객관적 시점 사건을 중립적으로, 전지적인 시점으로 묘사한다. 전통적인 카메라 워킹과 사운드 기법을 사용하는 경향이 있다.

주관적 시점 특정 인물의 감정에 이입해서 사건을 묘사한다. 카메라의 앵글과 높이는 일반적으로 등장인물의 시선에 국한하거나휠체어에 앉아 있는 이의 시점은 로 앵글로 표현한다, 느낌을 반영한다흐릿해지고 기울어지는 시점은 불확실한 심리를 나타낸다. 소리, 색, 조명의 변화로도 표현할 수 있다.

잊을 수 없는 첫 등장을 만들자.

주인공의 성격, 스타일과 행동은 관객의 첫눈에 확 띄어야 한다. 여자 주인공이 혹시 문지방에 걸려 넘어지는가? 그녀가 헤어 롤을 그대로 하고 나오지는 않았나? 남자 주인공이 숨기려야 숨길 수 없는 무기를 들고 다니는가? 그가 거친 소동 한가운데에서도 막힘없이 이야기를 하고 있지는 않나? 그녀는 우울한 런던의 어둠 속에서도 혼자 활기차 보이는가?

빌리 와일더, 1906~2002

"배우가 문으로 들어오는 건 아무것도 아니다. 그러나
배우가 창문으로 들어오면, '상황'이 생긴다.

– 빌리 와일더Billy Wilder

다양한 사이즈로 이야기를 풀어 보자.

다채로운 샷커버리지은 정보와 감정의 다양성을 전달하고, 시각적 흥미와 리듬, 페이스를 제공한다. 그리고 감독이 편집할 때 더 많은 선택을 할 수 있게 한다.

와이드 샷WS, 마스터 샷 혹은 설정 샷 배경을 포함해 광범위하게 잡는 샷. 상황, 장소, 인물 등이 한눈에 파악된다.

풀 샷FS, 롱 샷 인물의 머리부터 발끝까지 프레임 안에 담은 샷. 인물의 출입과, 대화하며 걷는 인물의 동작을 따라갈 때 사용한다.

미디엄 샷MS, 드라마에서는 웨이스트 샷 인물의 허리 위를 잡는 샷. 주로 두 명 이상이 대화할 때 사용한다.

미디엄 클로즈 업MCU, 드라마에서는 바스트 샷 인물의 가슴이나 어깨 위를 잡는 샷. 좀 더 사적인 대화에 사용한다.

클로즈 업CU, 드라마에서는 타이트 바스트 샷 인물의 목 위를 잡는 샷. 주로 은밀하게 대화하고 있는 한 사람만 잡거나 얼굴의 미세한 감정 변화를 보여 주는 데 사용한다.

익스트림 클로즈 업ECU 눈이나 코 등 인물이나 사물의 일부분을 극대화해서 보여 준다. 이를 통해 숨은 의미와 모순, 거짓말 또는 속임수와 같은 세부 행동들을 볼 수 있다.

주인공은 수동적이어서는 안 된다.

주인공이 무언가를 반대하는 입장이 아닌, 적극적으로 지지하는 모습을 만들자. 이런 주인공이 마음에 안 들 수도 있다. 소심한 주인공이 처음에는 극적 긴장감을 불러일으킬 수 있다. 그러나 주인공은 꼭, 반드시 자신의 행동에 명확한 결정을 내려야 한다. 주인공의 인생은 남들이 대신 선택할 수 없기 때문이다.

〈세븐〉의 한 장면에서

소품은 캐릭터를 드러낸다.

소품은 배우가 다루는 모든 물건을 의미하며 의상의 일부분도 포함된다. 소품은 세트를 실제라고 믿게 할 뿐 아니라 인물의 성격과 백스토리를 알려 주기도 한다.

〈세븐〉에서 모건 프리먼이 연기한 캐릭터는 침대 옆에 메트로놈을 놓는다. 메트로놈의 째깍거리는 소리로 그는 마음 편히 깊은 잠을 잘 수 있다. 이면에는 항상 격무에 시달리는 형사의 욕망이 숨어 있다. 불협화음으로 가득 찬 도시에서, 그가 유일하게 조절할 수 있는 메트로놈 소리를 통해 위안을 얻으려는 것이다.

찰리 채플린, 1889~1977

초당 20프레임이 넘어야 인간의 눈은
끊어짐 없이 받아들인다.

초당 20프레임보다 적어지면 인간의 눈은 이미지들을 각각 분리해서 받아들인다. 움직임이 끊어짐 없이 자연스럽게 보이려면, 영상은 반드시 초당 20프레임보다 많이 담겨야 한다. 오늘날 영상 산업의 표준으로 는, 영화가 초당 24프레임, TV는 초당 30프레임으로 규격화되어 있다.

슬로 모션과 패스트 모션은 촬영하는 동안 프레임 비율을 변환하면서 만들어진다. 슬로 모션은 촬영하는 동안 빠른 프레임 비율을 사용하고, 패스트 모션은 느린 프레임 비율을 사용해야 한다. 이렇게 촬영한 필름을 보통 속도를 가진 프로젝터를 통해 비추면 동작이 각각 느리게, 그리고 빠르게 보일 것이다. 초창기 영화를 보면 동작이 빨라 보이는 것도 같은 이유다. 초기 영화들은 현재보다 느린 프레임 비율이 기준이 었을 때 촬영되었기 때문에, 오늘날의 장비로는 동작이 너무 빨라 보인다.

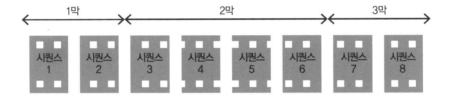

줄리노 모델 : 8개의 15분짜리 시퀀스

허술한 구성의 영화는 2막에서부터 망하기 시작한다.

2막은 보통 1막과 3막보다 두 배 정도 길기 때문에 허술하게 시작한 영화는 2막에서부터 지겨워진다. 문제는 보통 1막에서 주인공의 백스토리나 그를 방해하는 요소가 불충분하게 설정되었을 때나 1막에서 2막으로 명확하게 넘어가지 않을 때 생긴다.

영화 이론가 폴 줄리노Paul Gulino[*]는 2막에서 무너지는 것을 막기 위해 8단계 구조 모델을 제시한다. 매 단계는 15분으로 이루어지고, 각 단계는 자체적으로 3막 구조를 지닌 모델이다. 이는 3막 구조를 부정하기보다 3막 구조 위에 덧씌워 적용할 수 있다.

[*] 《시나리오 시퀀스로 풀어라》의 저자

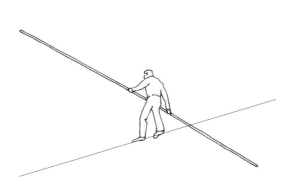

보이지 않는 이야기 구조가 최고!

이야기 구조는 극적 사건 속에 잘 숨겨 놓자. 이야기가 시의적절한 감정 표현, 흥미진진한 폭로, 깊어지는 딜레마, 갈등, 서스펜스로 가득하면, 관객은 이야기 구조를 굳이 해석하려 하지 않는다. 관객이 내러티브에 집중하게 하자.

"우리 엄마야. 괴한들한테 잡히셨대."

모든 신은 새로운 정보를 제공해야 한다.

영화는 갈등을 보여 준다. 문제를 해결하기 위해서는 극중 인물과 관객 모두에게 쓸모 있는 새 정보가 필요하다. 따라서 모든 신은 이전에 알려지지 않은 정보를 담고 있어야 한다. 새로운 정보가 깜짝 놀랄 만할 것일 필요는 없지만, 분명하게 드러나야 한다. 제시된 정보가 분명하지 않다면, 등장인물들이 같은 정보에 대해 각각 다르게 반응하는 지점을 보여 주는 영화일 것이다.

모든 신에는 갈등이 있어야 한다.

영화는 갈등이 있기에 존재한다. 그리고 이로 인한 극적 긴장, 결심, 새로운 이해, 유머, 그리고 비극적 감정 때문에 영화는 존재한다. 악의 없어 보이는 행복한 사랑 고백 또는 순수한 아이들의 놀이 신이라도 영화에서 갈등을 형성하고 심화하는 데에 기여해야 한다. 이런 불협화음은 평범하게 표현하거나, 명백하게 보여 줄 수도 있다. 또 작품 속에 숨겨 놓거나, 귀엽게 혹은 재미있게 표현할 수도 있다.

판타지 영화에서는 빠르게, 명백하게, 쉽게 규칙을 설정하자.

판타지 영화는 현실 도피를 허용한다. 그렇다고 관객들이 모든 영화적 상상력을 받아들이는 것은 아니다. 초자연적인 세계나 초능력의 법칙이 분명하게 설정되어 있지 않거나 새로운 능력을 너무 늦게 소개하면, 처음에는 관심 있게 보던 관객도 곧 흥미를 잃게 된다.

애니메이션은 적은 돈으로 생각을 확장할 기회를 준다.

애니메이션 작가는 세트 건설, 특수 효과, 스턴트 비용 등 수십 억 원이 드는 실사영화와 달리, 예산이나 물리적 제약에 구애받지 않고 어떠한 이야기든 할 수 있다. 또 등장인물은 작가의 상상대로 어떤 것이든 할 수 있다. 재미를 위한 것을 제외하고, 캐릭터가 할 수 있는 행동이 실사영화에서도 가능하다면 작가는 애니메이션으로 만드는 것을 재고해야 한다. 실생활에서도 할 수 있는 것이면 왜 굳이 애니메이션으로 만드는가?

배경도 캐릭터처럼 만들어라.

캐릭터는 영화에서 가장 중요한 요소처럼 보인다. 반면 배경은 그저 캐릭터가 연기하는 뒷공간으로만 생각하게 된다. 그러나 배경도 캐릭터처럼 강한 존재감을 가질 수 있다. 날씨, 지형, 햇볕의 세기 등과 같은 배경은 거주자, 사투리, 의상, 개인 공간에 대한 통념, 미적 감수성, 그리고 그 외에 많은 부분과 서로 영향을 주고받는다.

배경은 크기 때문에 일반적으로 광범위하게 담으려는 경향이 있다. 사바나, 해안, 도시의 풍경 또는 사막 같은 것을 보여 줄 때처럼 말이다. 그러나 녹슨 고깃배, 쭈글쭈글한 어부, 날아오르는 물새, 험한 날씨에 너덜너덜해진 도로 표지판 같은 디테일도 강렬한 인상을 준다.

누아르 장르에선 모두가 악당이다.

누아르 영화는 범죄, 드라마, 미스터리 장르의 하부 장르다. 이 장르는 절망으로 가득 찬, 기회주의적이고, 도덕적인 면이라고는 찾아볼 수 없는 캐릭터를 형상화한다. 그들은 오직 자신들의 이익을 위해서만 행동하며, 이타주의자나 원칙을 지키는 자는 '호구'일 뿐이다. 이러한 캐릭터에게는 거의 희망이 없기 때문에, 그들이 구원받거나 해피엔딩으로 끝날 기회는 거의 혹은 전혀 없다.

제4의 벽

제4의 벽은 관객을 무대 혹은 영화와 나누는 가상의 벽이다. 나머지 세 개의 벽은 무대 혹은 영화 배경의 좌측과 우측, 그리고 뒤쪽 영역이다. 제4의 벽의 원칙을 위반한다는 것은 배우가 의식적으로 카메라나 관객을 인식해서 무대와 현실 세계의 구분을 허물어 버리는 걸 뜻한다. 고전 영화에서는 이 구분을 절대시했으나, 현대 영화와 포스트모던 영화에서는 훨씬 자주 제4의 벽을 허물거나 이용한다.

영화는 반드시 제4의 벽에 대한 이해 속에서 사건과 대사를 보여 줘야 한다. 만약 등장인물이 영화의 메시지를 너무 공공연하게 말하고 다닌다면 관객들은 제4의 벽이 부자연스럽게 무너졌다고 느낄 것이다. 내레이션은 통찰력과 정보를 제공하며 영화를 진행시키는 화면 밖 화자로, 제4의 벽 원칙과 이를 부수려는 의도 사이에서 점잖은 절충안으로 활용된다.

〈오징어와 고래The Squid and the Whale〉 중에서

대사는 실제로 하는 말과 다르다.

대사는 반드시 진짜 같아야 하지만, 실생활 속에서 말하는 것보다 훨씬 다채롭고, 간결하며, 핵심을 찔러야 한다. 실생활의 언어는 주제와 상관없는 말과 여담투성이라 특별한 의도가 없다면 영화에서 듣기엔 장황할 수 있다. 효과적인 영화 대사는 플롯을 앞으로 전진시키고, 캐릭터에 대한 정보를 주며, 대사 자체가 처음-중간-끝의 구조를 지니고 있다. 심지어 대사가 신 중간에 시작해도 마찬가지다.

캐릭터에 익명 테스트를 하자.

각각의 캐릭터는 남들과 구분되는 특유의 목소리를 가지고 있어야 한다. 대본을 쓰거나 검토할 때, 캐릭터의 이름을 가리고 누구의 대사인지 맞혀 보자. 만약 다른 캐릭터와 대사를 바꿀 수 있다면 그 캐릭터들은 너무 비슷하다는 것을 의미한다.

〈로드 투 퍼디션〉에서

미장센

원래 '신에 놓여 있는 것들'이란 의미의 프랑스어. 샷, 신, 영화 전체의 영상미와 느낌에 영향을 주는 요소들의 종합을 의미한다. 미장센은 더 나아가 사물, 캐릭터, 색, 깊이, 그림자, 조명, 샷의 선택, 구성, 프로덕션 디자인, 세트 장식, 그리고 필름의 종류까지 결정하는 일련의 상호작용을 뜻한다.

컷!

어린이, 동물, 액체 주의!

• 먹거나 마실 것과 관련한 장면은 의상을 두 벌 이상 준비하자.
• 주요 소품은 똑같은 것으로 두세 개 마련해 두자.
• 동물을 촬영장에 데려오기 전에 필요한 연기가 가능한지 확인하자.
• 어린이를 캐스팅할 때는 쌍둥이 혹은 세쌍둥이를 찾도록 하자. 이는 촬영장에서 아이 때문에 발생할 수 있는 예상치 못한 상황에 대비할 수 있고, 노동법과 연기자 조합에서 규제하고 있는 아동 근무시간 제한 상황에서도 촬영 시간을 늘릴 수 있다.
• 배 혹은 물과 관련한 대규모 장면은 되도록 피하자. 제작비가 증가하고 카메라 움직임도 어렵기 때문이다.

스테디캠 오퍼레이터

시간을 아끼자. 돈도 아끼게 된다.

이야기 순서대로 찍지 말자. 정교하게 짜인 프로덕션 보드를 이용해 조명, 카메라, 그리고 음향 세팅이 완료된 상태에서 찍을 수 있는 모든 신을 촬영하자.

장소를 어떻게든 활용하자. 새로운 드레싱과 소품을 활용하거나 다른 방향으로도 촬영해 보자. 정원이 묘지가 되고 커피숍은 최고급 레스토랑으로 바뀔 수 있다. 또 트랙이나 크레인을 설치하면, 반대 방향으로 찍는 것을 포함해 다른 시퀀스를 찍는 데 이 세팅을 활용할 수 있다.

스테디캠을 사용하자. 스테디캠은 핸드헬드 카메라의 떨림을 방지하고 수평을 유지하는 특수한 장치다. 대여료가 비싸지만장비 대여뿐 아니라 오퍼레이터와 포커스 풀러●의 인건비도 나간다 신에서 움직임을 잡아내는 범위가 광범위하고, 트랙을 설치하는 시간을 절약할 수 있다.

꼭두새벽부터 시작하자. 해가 지고 나면 인공조명을 써야 하는 데 추가 비용이 확실히 든다. 또 스태프에게 초과 근무 수당을 줘야 할지도 모른다.

두 번째 팀을 꾸리자. 주요 배역이 필요 없는 설정 샷이나 인서트, 컷어웨이장면 전환를 찍을 때 필요한 촬영 스태프를 꾸리자.

마스터 샷을 최소화하자. 만약 대부분의 신이 클로즈업으로 구성된다면 와이드 샷을 여러 번 찍으면서 배우들을 지치게 하지 말자.

● 카메라와 포커스를 관리하는 보조 카메라맨

스튜디오? 로케이션?

영화는 스튜디오실내 혹은 야외 세트나 로케이션실제 장소에서 촬영한다. 둘 중 비용 면에서 효율적이고 스토리의 미적 요구에 충실한 것을 고르면 된다. 이를 결정할 때는 아래의 사항을 고려하자.

비용 배우와 스태프와 장비를 로케이션으로 이동, 운반, 보관하는 데에는 많은 비용이 든다. 그러나 세트를 제작하는 비용도 만만치 않다.

소음 실내 세트장은 방음이 잘 되어 있다. 그러나 로케이션 촬영에선 자동차 경적 소리나 지나가는 사람들, 비행기 소리를 비롯해 섭외할 당시에 몰랐던 소음 등으로 촬영에 곤란을 겪을 수 있다.

카메라 스튜디오에서 실내를 찍을 때는 벽을 옮기고 뚫을 수 있어 카메라가 이동하기에 용이하다. 그러나 로케이션에서 실내를 찍을 때는 그럴 수 없다.

허가 로케이션 촬영 때는 관청으로부터 특별한 허가를 받거나 이웃 주민들에게 동의를 얻어야 한다.

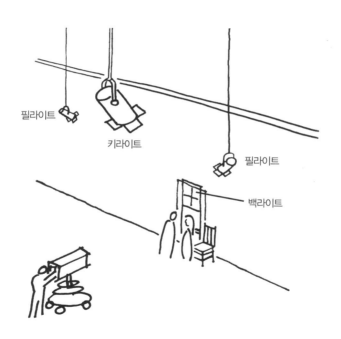

필라이트

키라이트

필라이트

백라이트

조명

좋은 조명은 세팅을 돋보이게 하고 캐릭터의 관점을 부각시킨다. 또 갈등을 고조시키고 시각적 흥미를 높여 준다. 감독은 보통 다음과 같은 선택을 하게 된다. 따뜻하게 혹은 차갑게, 인공적으로 균일하게 부드러운 느낌을 주는 형광등 빛 혹은 자연스럽게 다큐멘터리 느낌이 나게, 옆, 위, 아래, 백라이트에 강조를 줄지, 그리고 명암, 그림자, 빛이 퍼지는 느낌의 범위를 얼마나 줄지 결정해야 한다.

키라이트 신에서 가장 기본이 되는 조명이다. 보통 주된 피사체의 위에 설치하고 그 한쪽 면을 비춘다. 조명은 피사체를 직접 비추거나, 앞에 천을 씌워 부드럽게 하거나 필터를 씌워 색을 입힐 수 있다.

필라이트 명암을 줄이고 어두운 영역의 디테일을 비추며, 보기에 좋지 않은 그림자를 감춘다. 입으로 떨어진 코 그림자나 배우 얼굴에 떨어진 상대 배우의 그림자 등을 예로 들 수 있다.

백라이트 주된 피사체의 뒤에 위치하고 카메라를 향한다. 백라이트는 피사체의 윤곽을 드러나게 한다. 또 피사체를 매력적이고 눈부시게 만드는 후광 효과를 주기도 한다. 백라이트는 정면에서 오는 보조 라이트로 부드러워질 수 있다. 일반적으로는 태양을 백라이트로 쓴다.

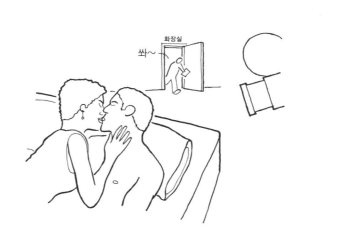

화면 안을 깨끗이 치우자.

촬영을 시작하면 스태프나 조명, 음향 장비, 다른 카메라 등 화면에 나와서는 안 되는 것이 상당히 많이 보일 수 있다. 이 때문에 조감독은 "준비되면 갈게요"라고 외치면서 촬영 전에 연기에 방해되는 모든 외부 요소를 치우게 한다.

신의 분위기에 맞춰 '액션'을 외쳐라.

배우가 그 신이 요구하는 분위기를 완벽히 파악하는 데에는 많은 시간과 노력이 필요하다. 차분한 감정 신이라면 감독은 부드럽지만 확고한 톤으로 '액션'이라고 속삭이며 배우들을 도울 수 있다. 열정적으로 싸우는 신이라면 감독은 '액션'을 야구 심판처럼 크게 외칠 것이다.

시작을 알리는 슬레이트 소리가 배우를 산만하게 할 수 있기 때문에 감독은 슬레이트를 테이크가 끝날 때 치게 할 수도 있다.

다시 찍자.

첫 테이크가 완벽해 보여도 배우는 미묘한 차이를 좀 더 보여 줄 수 있다. 그러니 항상 한 번이나 두 번 정도 다시 촬영하자. 이때 사이즈도 달리해 보자. 샷이 다양할수록 편집실에서 선택할 수 있는 폭도 넓어 진다.

● '가명의 사람'이란 의미의 'Alias Man'의 조어인 'Alan Smithee'. 감독이 스스로 무명으로 영화를 출품할 때 쓰는 가명으로 통칭되어 쓰인다.

〈리벤지〉 스토리보드

계획을 세우되, 돌아가는 것도 즐기자.

초안, 스토리보드, 샷 리스트, 장소 섭외, 리허설 등 영화 제작은 세세한 계획이 필요한 복잡한 여정이다. 이 과정은 너무도 복잡해서 최고로 잘 짠 계획도 완전히 틀어질 수 있다. 그래서 유연해야 한다. 시도하고 실수도 해 보자. 배우와 스태프의 예상치 못한 해석에도 여지를 남겨 두자. 의외성을 가능성으로 전환시키자.

시드니 루멧, 1924~2011

"모든 위대한 작업은 일어날 수 있는 사고에 대비하는
 과정이다."

– 시드니 루멧Sidney Lumet

화면 상단에 전경을 사용해서 평면적 화면을 입체적으로 만들었다.

내가 초보라는 증거

1. 캐릭터들의 생각과 느낌을 너무 있는 그대로 대사에 표현할 때

2. 우연을 남발할 때

3. 회상이 관객의 몰입과 내용 전개를 방해할 때

4. 내레이션이 화면에 보이는 것을 곧이곧대로 설명할 때

5. 주인공은 마냥 착하기만 하고 악당은 마냥 나쁘기만 할 때

6. 주인공이 스스로 결정하지 못하고 수동적일 때

7. 화면이 평면적일 때

8. 같은 거리distance에서 찍은 신이 너무 많을 때

9. 배우들이 소극적으로 연기할 때

10. 조명이 균일하지 않을 때

11. 음향이 형편없을 때

12. 연결 실수로 간단한 장면 전환조차 부자연스러울 때

13. 결말이 뜬금없을 때

5

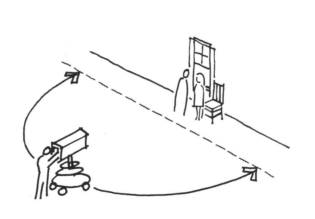

180도 법칙

카메라는 관객이 헷갈리지 않도록 연기자의 한쪽 방향만 비춰야 한다. 양쪽 방향에서 연기자를 비추면 관객에게 연기자의 위치에 대해 잘못된 인상을 심어 줄 수 있다. 두 캐릭터가 마주보고 대화하는 장면을 예로 들자. 각각의 인물을 양쪽 방향에서 단독 샷으로 찍을 경우, 서로 외면하는 것처럼 보일 수 있다.

180도 법칙은 미적 효과를 위해 깰 수 있다. 물론 이에 따른 혼란을 충분히 이해한다는 전제하에서만 가능하다.

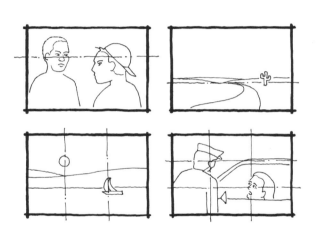

삼분할의 법칙

피사체가 화면의 정중앙에 위치하면 평범하기 짝이 없는 정적인 이미지가 된다. 그러나 화면의 가로와 세로를 삼분할하면 간단하게나마 효과적인 화면 구성을 할 수 있다.

전경을 보여 줄 때, 수평선은 하단 3분의 1 지점에 놓는다. 또 중요한 피사체는 무작정 보여 주는 것보다 각 방향의 3분의 1 지점의 교차점 또는 그 언저리에 놓는 것이 좋다. 특히 연기자의 눈 위치는 상단 3분의 1 지점이 가장 적당하다.

삼분할 법칙에도 예외는 있다. 캐릭터의 고독감이나 무력감을 표현할 때는 화면의 정중앙에 놓는 것이 가장 효과적이다.

숨 쉴 수 있는 공간의 확보

전통적인 프레임 구성은 균형을 생각한다. 연기자와 사물을 적절하게 배치해 공간을 조화롭게 구성하는 것이다. 전통적 방식에서 벗어난 프레임 구성은 특별한 목적이나 다큐멘터리 형식 같은 미적 의도로 사용한다. 하지만 관객이 내용보다 카메라의 움직임에 더 집중하게 만드는 것은 피해야 한다. 전통적인 프레임 구성은 다음과 같다.

헤드룸 캐릭터의 머리 위쪽 공간이 지나치게 많으면 인물이 가라앉는 느낌을 준다. 공간이 지나치게 적으면 턱과 목 부위를 강조하게 되고 연기자의 눈에서 시선이 멀어진다. 진실은 눈 속에 있는데도 말이다.

리드 스페이스로 스페이스 또는 노즈 룸 연기자의 뒤보다는 앞에 더 많은 공간을 남겨야 한다. 특히 사람이 움직일 때는 앞쪽에 충분한 공간이 필요하다. 여유가 없으면 프레임의 가장자리에 부딪히는 것처럼 보일 수도 있다.

컷오프 라인 프레임의 가장자리에 목, 허리, 무릎 또는 발목 등의 관절 부위를 배치하는 것은 피하자. 절단된 것처럼 보일 수도 있다.

마초 볼 하프타임

인물은 불편할 정도로 아주 가깝게 배치하자.

서양 문화에서 대화하는 두 사람 간의 개인 공간은 보통 0.7미터를 넘는다. 그러나 이 정도 간격은 화면 상에서 아주 멀게 느껴지기 때문에 프레임 중간의 공간이 두드러져 보인다.

영화는 입체적이다.

프레임으로 보는 세상은 이차원의 평면적인 공간으로 착각할 수 있다. 하지만 관목, 담장, 전등, 차양막 등의 요소를 전경과 후경에 배치하면 주요 상황의 공간과 내용에 깊이가 생긴다. 단순한 실내 장면에서도 아무것도 없는 벽보다는 창문이라도 달려 있는 게 훨씬 낫다.

그렇다고 괜히 복잡한 배경을 만들지는 말자. 도심의 혼잡한 길가에서 대화하는 장면이라면 배경을 정리할 필요가 있다. 뒷배경의 초점을 흐리게 하거나, 대화가 중요한 부분으로 접어들면 복잡한 배경을 가려주는 무언가를 지나가게 하자. 뒤쪽 조명을 줄이는 것도 번잡스러운 배경을 죽이는 데 도움이 된다.

모두 같은 영화를 만들고 있지?

영화 제작은 예술적 관점뿐 아니라 합리적인 시선도 필요하다. 모든 스태프는 정확한 시간에 맞춰 성실하게 작업해야 하고 질서 있게 쉬어야 한다. 스태프는 동일한 목적을 가지고, 큰 틀 안에서 개개인의 역할을 이해해야 한다. 제작하는 도중에 의견이 충돌하면, 큰 그림의 맥락 안에서 판단을 내려야 한다. 이 그림이 명확하지 않으면, 본인의 판단이 정답이라고 생각하지 말자. 더 큰 주제, 이야기, 당신이 작업하는 동기에서 정답을 찾아보자.

〈빅〉의 한 장면

확실한 볼거리를 만들자.

성공한 상업 영화에는 누구나 기대할 만한 인상적인 순간과 볼거리가 있다. 이는 시각적 효과를 극대화한 장면으로, 예고편에서 절대 빠지지 않는다. 코미디는 보통 가장 웃긴 농담이나 몸 개그를 보여 주며, 액션 어드벤처물은 가장 고난도의 특수 효과, 추격, 결투 신을 선보인다. 공포물에서는 관객들이 눈을 질끈 감게 만드는 장면을 꼭 넣는다.

모든 영화는 서스펜스물이다.

장르에 상관없이 영화는 관객의 '다음 장면을 보고 싶은 욕구'를 계속 만족시켜야 한다. 새로운 정보와 사실이 드러날수록 주인공의 딜레마는 더욱 깊어져야 한다. 서스펜스는 계속되는 폭로와 그로 인해 깊어지는 딜레마 사이에서 생긴다. 주인공이 새로 얻는 발견과 성공들이 또다시 등장하는 장애물을 극복하는 데 충분한가? 주인공은 뭔가를 이루기 위한 강한 욕망을 완벽하게 장악했는가? 그것이 자신을 망치기 전에 문제를 해결할 수 있을까? 다음 이야기는 우리의 기대대로 펼쳐질 것인가?

랜덤 가설

속도를 점점 올린다고 서스펜스가 생기진 않는다. 오히려 속도를 늦출수록 서스펜스가 배가된다.

1막

2막

3막

미드포인트midpoint, 50~60쪽/분 :
예측 불가능하거나 반전된 운명으로
갈등은 더욱 깊어지고 딜레마는 한층
발전한다.

갈등은 보이게

복잡한 구조의 이야기에서 주요 갈등은 자연스럽게 드러나야 한다. 영화의 중간 지점에서 주인공의 플랜 A가 부적절했음을 보여 주자. 최초의 위기를 크고, 깊고, 어둡게 해서 주인공의 신념과 정체성을 다시 시험에 들게 하자. 주요 갈등은 주인공을 행동하게 할 뿐 아니라 성장시킨다.

캐릭터가 누구인지 관객에게 끊임없이 정보를 전달하자.

구분되는 이름 지인, 지현, 지연, 지윤 등의 헷갈리는 이름은 의도 없이 쓰지 않는다. 캐릭터에 어울리는, 음절 수가 다른 형용사로 이름을 짓는 것도 방법이다 케빈 스미스가 연기한 '사일런트 밥'. 아니면 특정인에게만 항상 성과 이름을 같이 사용할 수도 있다〈유주얼 서스펙트〉의 '카이저 소제'.

완벽하게 어울리는 이름 또는 전혀 어울리지 않는 이름 사각 턱에는 대근, 나이 든 이는 춘자를 기대할 법하다. 스토리와 캐릭터를 강조하기 위해 관객들의 이러한 기대치를 이용할 수 있다.

눈에 띄는 버릇 애교 있는 말투, 특이한 말버릇, 기괴한 옷차림과 같은 눈에 띄는 특징 등은 캐릭터를 설정하는 데 도움이 된다. 단, 너무 산만하면 안 된다.

관객은 디테일을 기억하지 못한다고 생각하자 대본에서 한동안 등장시키지 않았던 인물은 다시 한 번 설명한다. 만약 '사무실의 멋쟁이' 재민이가 3쪽에 등장 후, 23쪽에서나 재등장하면 '사무실 멋쟁이 재민이 술집으로 들어왔다'라는 걸 확실하게 인식시켜 준다. 또 캐릭터들에게는 '너', '당신'이 자연스러워도 이름을 직접 부르게 하자.

깊게 파자.

좋은 영화는 평범하거나 단순하기까지 한 뉘앙스, 깊이, 디테일과 의미조차도 탐구해서 나온 결과물이다. 중심 이야기를 흔들지 않으면서 더 많은 플롯과 숨은 어젠다, 폭력, 금기 사항, 기발한 캐릭터를 끊임없이 만들어 낸다. 이미 등장한 주제와 상황, 감정을 집요하게 파고들자. 일거리를 줄이고 더 집중하자.

〈M*A*S*H〉는 소설, 영화, TV 시리즈, 연극으로 모두 활용이 가능했던 흔치 않은 작품이다.

영화, 소설, TV, 연극?

영화 시각적인 전달이 가능하고 만족스러운 결말이 필요하다.

소설 캐릭터의 심리를 상세히 탐구하는 이야기다. 또 이야기가 미적으로 산문체에 어울리거나 열린 결말일 때 적절하다.

TV 시리즈 오랜 시간 동안 진행할 수 있는 아이디어에 적합하다. 특히 의사, 경찰, 변호사 등의 전문 직업인을 다루는 시리즈물은 새로운 소재가 무궁무진하기 때문에 많이 만들어진다. 연속극의 경우 몇십 년 이상 방송 가능한 열린 줄거리를 가지고 있다.

연극 제한된 캐릭터와 세트 그리고 대사를 통해 효과적으로 드라마화할 수 있는 복합적인 아이디어가 필요하다.

TV 시리즈 〈30 록〉의 티나 페이와 알렉 볼드윈

영화는 감독의 매체, TV 시리즈는 작가의 매체

영화는 일종의 사업이다. 제작진과 연기자는 완성과 동시에 사라지는 독특한 세계를 만들기 위해 몇 주, 몇 달 이상을 모여 있다. 감독은 이 세계를 만드는 핵심이다. 예술적인 디테일부터 다양한 뉘앙스까지, 대본을 정하는 것부터 캐스팅까지, 세트 디자인부터 특수 효과까지, 조명과 장비의 선택부터 전반적인 시각적 스타일까지 모든 것을 결정한다.

반면에, 성공적인 TV 시리즈는 길게 방송되고 첫 시즌에서 모든 것이 정례화된다. 매주 다른 소재를 개발하는 것이 가장 어렵기 때문에 재능 있는 작가가 빛을 발한다.

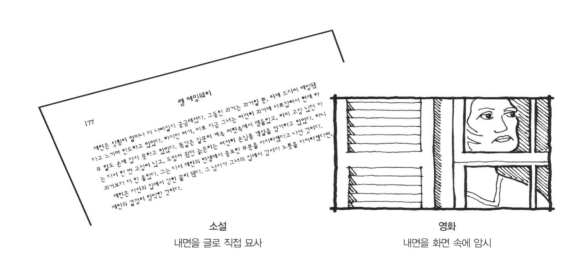

렘 헤밍웨이

177

제인은 상황이 얼마나 더 나빠질지 궁금해졌다. 그동안 과거는 과거일 뿐, 이제 드디어 해방됐다고 느끼며 안도하고 있었다. 하지만 여기, 바로 지금 그녀는 여전히 과거에 사로잡혀서 현재 아무 일도 손에 잡지 못하고 있었다. 똑같은 질문이 계속 머릿속에서 맴돌았고, 이미 고장 났던 차는 다시 한 번 고장이 났고, 도망쳐 왔던 인생에서 중요한 부분을 잠거하고 나선 것이다. 아니 과거보다 더 안 좋았다. 그는 다시 제인의 인생에서 중요한 부분을 차지하겠다고 나선 것이다. 제인은 자신의 집에서 강인 꼴이 됐다. 그 남자가 그녀의 집에서 감시자 노릇을 자처하겠다면, 제인의 결정이 임박한 것이다.

소설
내면을 글로 직접 묘사

영화
내면을 화면 속에 암시

영화는 소설을 뒤집은 세계

소설은 눈에 보이지 않는 캐릭터의 감정과 의도를 글로 직접 묘사한다. 그에 대한 실체를 머릿속에서 그리는 것은 독자의 몫이다. 영화는 눈에 보이는 것을 생생히 그리고 보이지 않는 것을 넌지시 표현한다. 책을 대본으로 각색하는 작업은 그만큼 매우 어렵다. 보이는 것은 숨기고, 숨은 것은 보여야 하기 때문이다.

〈해롤드와 모드〉의 한 장면

코미디는 농담이 전부가 아니다.

관객의 웃음으로 바로 성패가 갈리기 때문에 코미디만큼 흥행 여부가 확실히 드러나는 장르도 없다. 하지만 말장난과 농담만으로 코미디를 끌고 나아가기에는 한계가 있다. 코미디 장르 역시 좋은 이야기와 구조, 캐릭터가 필요하다. 좋은 코미디는 탄탄한 기초 작업에서 나온다. 흥미로운 상황을 연출하고 앞으로의 내용에 대한 기대감을 갖도록 만드는 건 다른 장르와 마찬가지다.

고치고 또 고치자.

대본은 시장에 본격적으로 선보이기 전까지 열 번 이상의 수정을 거친다. 초고가 나온 후에는 며칠, 몇 주 동안 치워 버리자. 대신 그 기간에는 대본을 볼 줄 알고 믿을 수 있는 조언자들에게 도움이 될 만한 피드 백을 받는다. 그리고 초고를 수정한 뒤, 새로운 사람을 찾아 참신하고 객관적인 의견을 듣자. 매번 같은 사람들에게만 대본을 보여 주면, 그들도 정확한 장단점을 파악하기가 힘들다.

거절도 하나의 과정이다.

비평은 예술에서 피할 수 없는 과정이지만 이를 감정적으로 받아들이지 않기란 쉽지 않다. 하지만 프로듀서가 당신의 기획안이나 초고를 싫어한다고 당신을 싫어하는 건 아니다. 사실 당신과 프로듀서 모두 같은 목표를 가지고 있다. 영화사 대표에게 '오케이'를 받는 것이다.

모든 비평을 소중히 여기자. 대부분은 조금이라도 맞는 말이다. 명확하지 않거나 확실한 대안 없는 비평도 마찬가지다. 모호한 지적이라도 애써 무시하지 말고 꼭 검토하자. 비평을 수용할수록 더 나은 해결책에 다가간다.

에이전트나 영화사 대표가 거절하더라도 항상 감사의 인사를 남기자. 거절은 새로운 시작이 될 수 있다. 훗날 더 실현 가능성 있는 프로젝트를 가져갔을 때, 그들은 당신과 함께 일하고 싶을 것이다.

누가 길잡이인가?

일반적으로 주인공은 겉보기에 양립할 수 없는 두 상황 중에서 하나를 선택하거나 절충해야 한다. 피보틀 캐릭터pivotal character는 종종 이 두 상황을 이어 주는 결정적인 역할을 한다. 이는 멘토, 연인, 이방인, 별로 상관없는 사람, 아니면 대립하는 두 세계에 양다리를 걸친 캐릭터가 될 수도 있다. 보통 2막 중에 주인공은 선택의 기로에서 피보틀 캐릭터를 만난다. 이때 피보틀 캐릭터는 주인공의 딜레마를 재평가하고, 주인공을 궁극적인 카타르시스로 이끄는 역할을 한다.

몽타주

영화에서 몽타주 '조립' 이란 뜻의 프랑스어는 여러 이미지를 병렬로 또는 서로 충돌되게, 오버랩되게 혹은 연속적으로 보여 주는 기법이다. 이를 통해 영화는 개별 이미지의 의미와는 다른, 깊고 전체적인 뜻을 전달한다. 이 기법을 정립한 러시아 감독 세르게이 예이젠시테인은 "연속되는 각각의 장면은 단순히 '다음' 장면이 아니라 새로운 의미를 창조한다"라고 말했다.

몽타주는 계절의 변화, 관계의 진전, 새로운 기술의 추구, 그리고 신체적 변화 등을 함축적으로 보여 주면서 시간의 흐름과 캐릭터의 발전을 표현한다. 특히 주인공이 결단을 내리는 시점에서 우선순위, 본질적 가치, 필수적인 과정 등을 통해 통찰력을 얻었음을 보여 주는 데 효과적이다.

〈졸업〉의 한 장면

렌즈마다 다른 이야기를 한다.

망원렌즈와 광각렌즈는 서로 확연히 다른 효과를 낸다. 망원렌즈70~1,200mm는 시야를 좁히고 멀리 있는 피사체를 가깝게 보여 주고, 광각렌즈9~28mm는 매우 넓은 풍경을 담는다.

이러한 렌즈는 카메라 시선 축을 따라 움직이는 피사체를 잡을 때 특정한 효과를 이끌어 낼 수 있다. 피사체가 카메라를 향해 움직이거나 카메라에서 멀어질 때, 광각렌즈는 이를 과장해서 혹은 훨씬 빠르게 보여 주는 경향이 있다. 반면에 망원렌즈는 이를 실제보다 둔화시킨다. 예를 들어, 배우가 방 한쪽 구석에서 카메라를 향해 다가올 때, 광각렌즈라면 매우 빨리 다가오거나 불쑥 튀어나오는 것 같이 느껴지고, 망원렌즈라면 실제보다 더 느리게 다가오는 것처럼 보인다.

앙상블 무비는 각각의 줄거리가 하나의 주제를 공유한다.

앙상블 무비는 각각 다른 줄거리와 목표, 위험 요소를 지니고 있는 다수의 주인공을 내세운 영화다. 이들 각각의 이야기는 공통의 주제를 가져야 한다.

여러 주인공 중 한 명은 영화의 핵심과 관점을 제시하기 위해 다른 누구보다 어느 정도 돋보이게 된다. 이 메인 주인공은 보통 영화에서 처음 등장하는 캐릭터이고, 영화의 마침표 역할을 한다.

시각적 모티프를 특별하게 만들자.

모티프는 영화의 주제를 강화하기 위해 전략적으로 배치한 시각적 요소를 말한다. 이러한 모티프는 구조를 탄탄하게 하고 이야기에 활력을 불어넣기도 한다.

주제는 인간의 경험에 비해 광범위하고 보편적이다. 하지만 모티프는 영화의 이야기에서 비롯되고 캐릭터의 경험에 직접 관련되어야 한다.

리듬과 템포

리듬 영화에서 신 각각의 지속 시간이 만들어 내는 큰 패턴이다. 보통 한 신은 15초에서 3분가량 지속된다. 신이 짧거나 신마다 컷이 많을수록 영화의 리듬은 빨라진다. 영화는 다양한 리듬을 지녀야 한다. 처음부터 끝까지 같은 리듬으로 편집하면 영화는 지루해 보인다.

템포 신 내에서의 속도다. 템포는 컷의 수뿐 아니라 액션의 속도에 의해서도 결정된다. 빠른 템포는 손에 땀을 쥐게 하지만, 지나치게 많으면 관객은 피곤해지고 혼란을 느낀다. 느린 템포는 관객이 캐릭터가 가진 뉘앙스를 파악할 수 있게 하고 이야기의 깊은 뜻에 심취할 수 있지만, 지나치게 많으면 관객은 답답하게 느낀다.

리듬과 템포는 각각 느리고 빠르게 대조되고 보완하며 한 편의 교향곡같이 서로 조화를 이루어야 한다.

"그 인간하고는 두 번 다시 비행기를 타지
않겠어."

"저희 비행기를 이용해 주셔서 감사합니다.
저희 비행기는 27시간 후에 해리스버그에
도착하겠습니다."

이야기는 화면으로 보여 주자.

좋은 스토리텔링은 종종 생략하거나 간접적이다. 즉 캐릭터가 A에서 B를 거쳐 C로 가게 된 과정을 문자 그대로 다 보여 줄 필요는 없다.

1

2

3

4

깔끔한 컷어웨이로 액션 신을 다채롭게 한다.

컷어웨이는 주된 상황에서 시선을 잠시 뗄 수 있는 장치로, 전체 맥락이나 세세한 부분을 확실하게 살리는 효과가 있다. 젊은 커플 한 쌍이 해변을 산책하는 신은 모랫바닥을 파고 있는 갈매기나 다른 나이 든 커플이 지나가는 컷으로 보충할 수 있다. 등장인물이 긴장하며 전화하는 신은 이마의 땀방울이나 물어뜯은 손톱 컷을 포함시킬 수도 있다.

주된 액션 신과 직접 관련이 없는 컷어웨이를 삽입할수록 연속성의 문제 없이 다채로운 편집이 가능하다. 예를 들면, 코너를 위태롭게 달리는 두 자동차의 와이드 샷은 운전대를 미친 듯이 돌리는 운전자의 손 컷을 삽입한 다음, 다시 자동차가 달리는 외경으로 돌아가는 방법이다.

촬영 중에는 항상 여유분의 컷어웨이를 찍자. 특히 액션 신에서는 충분한 컷을 찍어 놔야 편집 과정에서 내용의 긴장감을 고조시키는 데 십분 활용할 수 있다.

존 윌리엄스 1932~, 작곡가, 아카데미상 5회 수상

촬영 중에 머릿속에서 맴돌았던 음악이 O.S.T.는 아니다.

대본 작성, 제작 준비 또는 한창 촬영 중일 때 작품에 어울린다고 생각하는 '완벽한' 음악이 간혹 있다. 하지만 최종 편집본에 그 음악을 넣는 순간, 실망하기 십상이다. 영상과 이야기가 원하는 음악과 당신이 원하는 음악은 분명히 다르다.

〈롤라 런〉에서

배수의 진을 치자.

캐릭터가 자신의 일상생활로 편안히 돌아가는 것을 막으면 영화는 훨씬 극적으로 힘을 얻는다. 캐릭터의 선택 폭을 제한하고 중심 딜레마에 계속 빠져 있게 하자. 미지의 영역으로 계속 나아가는 것만이 그들이 가진 유일한 길이다.

스탠리 엘킨, 1930~1995

"나는 벼랑 끝에 서 보지 않은 사람에 관해서는
쓰지 않겠다."

– 스탠리 엘킨Stanley Elkin

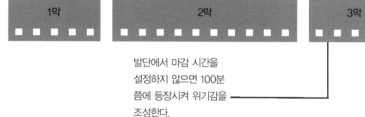

발단에서 마감 시간을
설정하지 않으면 100분
쯤에 등장시켜 위기감을
조성한다.

마감 시간을 정하자.

주인공에게 목표를 달성하기 위한 마감 시간을 정해 주자. 마감 없는 목표는 막연한 소원 정도로만 생각할 수 있다. 그러나 목적 달성을 위한 마감 시간이 정해지면 관객이나 시청자들은 그 압박을 확실히 느낀다.

〈내 남자친구의 결혼식〉 줄리아 로버츠는 '절친한' 남자 친구의 결혼식을 과연 멈출 수 있을까?

〈도망자〉 부인을 죽였다는 누명을 쓴 해리슨 포드는 체포당하기 전에 과연 진범을 찾을 수 있을까?

〈패닉 룸〉 강도들로부터 딸을 숨기는 데 성공한 조디 포스터. 하지만 당뇨병이 있는 딸은 지금 당장 인슐린이 필요하다.

〈해리가 샐리를 만났을 때〉 샐리에게 새해 전날 밤, 자정 이전에 사랑을 고백해야 하는 해리. 이때를 놓치면 평생 그녀를 잃을 수 있다.

소리 내어 읽자.

대본을 수정할 때, 머릿속의 목소리에만 의존하지 말자. 크게 소리 내어 읽고, 녹음해서 다시 들어 보자. 아니면 전문 배우나 연기 지망생, 친구, 가족들에게 읽게 하는 것도 방법이다. 인물들의 동선이나 연기에 대한 지문도 소리 내 읽어 검토하자. 처음부터 끝까지 다 읽어서 스토리의 흐름과 막히는 부분에 대해 확인하도록 한다.

읽은 후에는 피드백을 요청하자. 연기자들은 자신의 역할을 어떻게 느꼈는가? 진정성이 느껴지는가? 헷갈리고 지루한 지점은 과연 어디인가? 작품 전체적으로 놓친 것은 없는가?

캐스팅은 '보이는 게 다'가 아니다.

배역에 완벽하게 맞는 것처럼 보여도, 그 배우가 그 역할에 꼭 적합한 것은 아니다. 시대의 아이콘을 만드는 최고의 캐스팅은 때때로 고정관념을 벗어난다.

오디션에서 대본 리딩을 엉망으로 끝낸 후보들을 굳이 바로 탈락시킬 필요는 없다. 영화나 드라마에서 배우를 지도하는 건 결국 감독의 몫이다. 원하는 바를 정확히 지시하고 그가 어떻게 따라오는지 관찰하자. 배우의 반응도 오디션의 일부다.

리허설은 연기자만 하는 것이 아니다.

프리 프로덕션 단계에서는 세트가 준비되지 않기 때문에 첫 리허설은 다른 장소에서 이루어지게 마련이다. 처음에는 캐릭터의 구축, 연기와 톤, 타이밍, 그리고 호흡을 맞추는 데 집중하자.

세트가 준비되면, 연기자들과 카메라 움직임을 파악해서 동선을 맞춘다. 바닥에는 각 연기자가 정확하게 있어야 할 곳을 다른 색의 테이프로 표시한다. 이 표시는 연기자가 프레임이나 포커스 위치, 조명이나 마이크 자리를 벗어나는 것을 막아 준다. 모든 준비가 끝났다고 생각하면 최종 리허설을 하자. 최종 리허설이야말로 준비되지 않은 부분을 확인할 수 있는 가장 좋은 방법이다.

연기자들에게 할 일을 주자.

감독은 신 안에서 연기자들에게 항상 할 일을 줘야 한다. 대본에 없어도, 옷을 다리거나 매니큐어하기, 자동차 엔진 점검 등 사소한 일거리를 설정하자. 일거리는 구체적이며 캐릭터에 기반을 두어야 한다. 또 대사를 보완하거나 대비시키는 동작을 통해 숨은 뜻을 살린다.

말보다 행동이 더 중요하다.

행동은 말보다 그 사람의 더 많은 것을 보여 준다. 사실 말은 솔직한 감정을 숨기는 경우가 많다. 말과 모순된 사람들의 행동은 스토리를 더 강화한다. 위축된 행동을 하는 강한 캐릭터, 팔짱을 끼고 있는 협조적인 사람, 눈을 자꾸 깜박이는 솔직한 사람 등은 숨겨진 결정적 의도를 세련되게 드러낸다.

쓰고 싶으면 읽고, 찍고 싶으면 보자.

훌륭한 영화인은 영화와 문학을 공부한 사람들이다. 그들은 자신이 봐 온 영화와 문학 작품에 대한 이해와 비평을 토대로 영화를 선보인다. 외견상의 설정, 캐릭터의 적합성, 역사적인 플롯 안에서 실제 사료의 반영, 세트 내의 소도구와 장치의 사용 등을 꼼꼼하게 분석해 본인의 작품에 반영한다.

파고 또 파자.

훌륭한 영화인은 타고나지 않는다. 수년간의 학습과 연구, 인맥 쌓기, 착오와 경험을 통해 태어나는 것이다. 바로 이렇게!

연기를 배우자. 연기자들이 일하는 방법을 익히면 더 많은 것을 알 수 있다.

기술을 익히자. 카메라, 조명, 특수 효과, 편집 등 많은 기술은 급속도로 바뀐다. 기술의 발전을 따라갈 수 있는 감독은 스토리텔링 방법에서 더 많은 기회를 잡을 수 있다.

산업을 익히자. 숱하게 이야기하지만 절대 지나쳐선 안 된다. 영화는 '쇼 비즈니스'이지 '쇼 아트'가 아니다. 영화를 만드는 사람은 예술가이기도 하지만, 엔터테인먼트 세계의 비즈니스와 정치 논리를 무시하고 갈 수는 없다.

팔자. 결국 중요한 것은 인맥이다. 인맥을 쌓고 아이디어를 여기저기 팔고 다니는 것을 두려워하지 말자. 별로 대단해 보이지 않은 사람에게도 적극적으로 당신을 홍보하자. 돌파구가 생길 때까지는 몇 년이 걸릴 수도 있고, 그때는 대단치 않은 사람도 대단한 사람이 될 수 있다.

힘든 일을 마다하지 말자. 돌파구는 오랜 기간의 좌절 끝에 찾아올 수 있다. 하지만 그 순간이 오기까지는 현실적으로 살자. 영혼을 살찌우는 일도 있지만, 순전히 먹고살기 위해 하는 일도 있다. 대부분의 일은 사실상 그 사이에서의 선택이다.

이제는 보내 주자.

누구에게나 서랍 속에 5년 이상을 잠자고 있으면서 세상이 알아봐 주길 기다리는 대본이 있다. 이제는 제발 접고 넘어가자. 창의적인 사람은 한 번 반짝이는 게 아니라 지속적으로 새로운 아이디어를 개발하기 마련이다. 인생의 걸작이 단 하나로 끝나지는 않는다.

남들과 잘 지내자.

- 영화학교에서 맺은 관계는 평생을 간다. 그들을 존중하자. 같이 배우던 친구가 당신을 고용할 수도 있다.

- 자신의 예술적 관점에 용기와 확신을 갖자. 반대에 부딪힐 경우, 관점 자체보다는 전달 방식에 문제가 있을 수도 있다.

- 무의식적으로 남들을 무시하지 말자. 일에 대한 확신과 능력은 보이되, 불안함과 거만함은 절대 나타내지 말자. 당신만큼 남들의 경력도 소중하다.

- 다른 사람들의 대본이나 촬영에 대해서 나쁘게 말하는 것에 주의하자. 내가 나쁘게 굴면, 남들도 내게 나쁘게 할 가능성이 높다.

- 감독은 약해 보일 수 있다는 이유로 타인의 의견을 수용하는 것을 두려워하면 안 된다. 스태프는 의견을 적극적으로 수용하는 감독을 존중하며, 언제나 그런 감독을 위해 즐겁게, 그리고 기꺼이 일할 것이다.

점점 더 짧게

기발하고 통찰력 있다고 생각한 신, 세팅, 카메라 앵글 또는 한 줄의 대사라도 철저히 분석해야 한다. 스토리에 꼭 필요한가? 다음 상황에 대한 기대감을 주는가? 캐릭터를 드러내며 더 깊게 만드는가? 애매하면, 그 상황은 빼도 된다.

영화의 모든 목적은 궁극적으로 줄거리를 발전시키고 캐릭터를 더욱 강화하는 데 있다. 대사와 액션이 이에 충실하지 않다면, 아무리 기발하고, 재미있고, 통찰력이 있어도 잘라 내야 한다.

생텍쥐페리, 1900~1944

"완벽함은 더 이상 더할 게 없을 때가 아니라 더 이상 뺄 게 없을 때 얻는다."

– 생텍쥐페리Antoine de Saint-Exupéry

편한 우연과 불편한 우연

주인공의 모든 정보와 성공은 노력에서 나와야 한다. 주인공이 결정적인 정보를 엿듣거나 우연히 발견한 걸로 문제를 해결하는 상황은 만들지 말자. 굳이 '우연한 상황'을 만들고 싶다면 주인공을 더 곤란하게 하자. 그러면 관객도 우연을 필연으로 받아들일 수 있다.

차라리 드러내자.

복잡한 이야기를 두 시간 안에 풀어내는 건 쉽지 않다. 그래서 억지로 짜 맞춘 듯한 구성은 불가피해 보인다. 이럴 때는 차라리 드러내자. 관객이 할 법한 질문을 영화 속 캐릭터가 똑같이 하는 것이다. 등장인물이 있을 법하지 않은 상황을 인정해 버린다면, 관객도 납득하고 같이 갈 준비를 한다.

관객의 호의를 지나치게 바라면 안 된다.

관객은 영화를 즐기려고 본다. 웃거나 울고, 때로는 무서운 기분을 즐기기 위해 본다. 그래서 대부분의 관객은 처음의 부자연스러운 상황과 우연의 남발도 이야기의 전개로 기꺼이 받아들인다. 하지만 억지 상황이 지나치게 반복되면 영화 속 세계에 대한 관객의 믿음도 사라지게 된다. 관객은 예측 가능한 상황과 클리셰cliché*의 반복 앞에 눈살을 찌푸리고, 우연의 남발에 불평하며, 순진한 처녀가 침입자를 찾아 어두운 지하 계단을 내려가는 뻔한 장면에서는 야유를 보낸다. 몰입하는 순간에서 벗어나면, 관객은 종종 배우의 실제 모습 때문에 배역에 집중할 수 없게 된다.

● 판에 박은 듯한 문구나 진부한 표현을 가리키는 비평 용어

데우스 엑스 마키나

별로 성공적이지 못했던 그리스 희극과 비극에서는 신의 모습을 한 무대장치 등을 등장시켜 풀기 힘든 문제를 해결했다. 일명 '데우스 엑스 마키나Deus ex machina'. 말 그대로 '기계에 의한 신'을 뜻한다. 현대 극에서는 골치 아픈 고민과 문제를 뜬금없이 해결하는 모든 억지스러운 구성을 말한다. 대부분의 관객은 등장인물이 본인의 문제를 직접 해결하기를 원하기 때문에 실망할 수밖에 없다.

〈어 퓨 굿 맨〉에서

진실이 곧 클라이맥스다.

클라이맥스는 단순히 내용이나 액션이 최고조에 이르는 지점이 아니다. 주인공이 스스로의 '존재의 이유'를 깨닫는 순간, 그 자체다. 비밀, 거짓말, 수치심, 공포 등으로 숨겨 왔던 주인공의 가식이 발가벗겨지면서 보다 진정한 모습이 완성되는 순간이다.

영웅은 진실의 순간을 받아들이고 이를 통해 성장한다. 하지만 비극에서는 주인공의 무력함이 불행한 결말을 가져온다.

클라이맥스가 지나면 얼른 마무리하자.

영화가 절정을 지나면, 불필요한 이야기들은 더 이상 설 자리가 없다. 줄거리와 주요 곁다리를 만족스럽게 정리하되, 자질구레한 이야기들을 모두 해결할 필요는 없다. 관객이 좀 더 원하도록 두자. 때로는 캐릭터들의 결말에 대해 의견 정도만 제시하는 것이 그들이 어떻게 끝났는지 직접 보여 주는 것보다 더 효과적이다. 물론 모호한 결론으로 이끌 때는 관객들이 동의하거나 동의하지 못하는 관점을 확실히 제시해야 한다.

카타르시스

내용이 절정에 치닫고 결말에 이르면, 극 중 인물과 관객 모두 '카타르시스'를 경험한다. 이는 아리스토텔 레스가 '비극에서 비롯된 연민과 두려움에 대한 해소와 정화'로 정의한 바 있다. 카타르시스는 슬픔, 분노, 비애, 웃음 등의 감정도 불러일으킬 수 있다. 이를 통해 관객은 고조된 감정을 추스르고 상황을 이해하게 된다. 주인공이 본인의 가장 큰 두려움에 맞서 극복하지 않으면, 관객은 카타르시스를 겪는 게 사실상 불 가능하다.

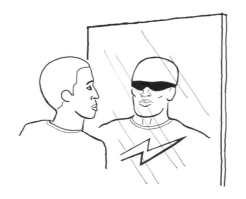

바로 당신이 주인공이다.

영화는 수백만 명이 보지만, 영화 제작은 만드는 이의 인생에서 우러나오는 지극히 개인적인 노력의 일환이다. 영화 속의 특수한 상황에 던져졌을 때 작가나 감독은 자신이 어떻게 행동할지 생각하고, 스스로의 인생을 비춰 보기 위해 이야기를 만든다. 결점 있는 주인공을 만들기 어려운 이유가 여기에 있다. 이야기를 만드는 사람이 자신의 치부를 공개해야 하기 때문이다.

당신이 가장 밝히기 두려운 이야기가 있다. 사회적 금기를 영화화해 실제로 개인적인 위험을 감수하기, 주인공을 이성의 극한까지 몰아붙이기, 관객에게 지나치게 모순된 상황을 보여 주거나 날것 그대로의 감정을 드러내기 등이다. 이런 이야기들은 도발적이고 기억에 남는 영화가 될 가능성이 높다

옮긴이의 말

Stand-by

찬 : 9개월에 걸친 드라마 촬영을 끝내고 휴가차 찾은 보스턴의 한 책방에서 작은 책 하나를 집었다. 아직도 책장엔 다 읽지 못한 촬영 및 시나리오 관련 서적이 수두룩하건만, 이 책을 펼친 순간 나는 선 채로 책의 반을 읽어 버렸다. 이 책에는 '대답'이 있었다. 대다수의 '잘난' 책들은 독자에게 '질문'하고 대답을 '요구'하지만, 이 책은 아니었다. 먼저 '대답'을 주고 나에게 얘기한다. "영화란 알고 보니 이런 것이더라" 하고. 갑자기 자신감이 들었다. "나 왠지 찍을 수 있을 것 같아."

지인 : 휴가에서 돌아온 후배가 눈을 동그랗게 뜨고 빌려 준 책 한 권 "진짜 대박이에요!" '어느 정도이길래?' 솔직히 심드렁한 마음이 앞섰다. 영상에 관한 입문서야 발에 차일 정도로 추천을 받았고 그것도 다 못 읽었는데, 이 책도 크게 다를까 싶었다. 그나마 약간의 호기심이 더해져 책을 빌려 왔고, 받아 본 책은 확실히 달랐다. 드라마 현장에서 고스란히 느꼈던 의문과 고민을 콕 짚어 주고 그에 대한 답을 주는 게 아닌가. 이런 책이 왜 아직까지 출판이 안 됐던 거야?

Ready

그렇게 시작했다. 둘만 보기에는 아깝다는 생각, 틈틈이 시간을 아껴 공부를 하겠다는 의욕, 한번쯤 이런 작업을 해 보고 싶었던 희망 사항을 모아 동녘의 문을 두드린 게 벌써 1년 전이다. 감사하게도 전문 번역가도 아닌 우리를 예쁘게(?) 봐 주신 덕분에 번역을 시작하게 됐다.

쉽지 않을 거라 예상했지만 영상 제작을 직업으로 삼고 있기에 자신감을 갖고 덤볐다. 그러나 원서를 그냥 보는 것과 이를 우리말로 옮기는 작업은 큰 차이가 있었다. 가장 골치가 아팠던 부분은 다른 환경에서 비롯된 현장 용어의 차이였다. 우리의 현장 용어로는 이 책에서 소개하는 할리우드의 현장 용어들을 모두 대체할 수가 없었다. 특히 '허니 왜건', '애비 싱어' 등 그들만의 언어는 국내 드라마나 영화 현장에서 사용하는 특정 단어가 없었기에 난감했다. 있다 해도 제작 현장의 특성 상 주로 쓰이는 은어나 비속어, 일본식 용어들은 활자 그대로 옮기기에 무리가 있었다. 대표적으로 '핸드헬드 샷'은 드라마 현장에서 애용하는 '데모찌'로 대체할지 마지막 순간까지 고민하다가 쓰지 않았다. 결국 양호한 수준의 현장 용어는 사용하되, 대체 불가능한 용어들은 주를 달기로 결정했다. '신'과 '백스토리' 등의 해석도 끝까지 우리를 괴롭혔다. '신'을 '장면'으로 단선적으로 치환하기에는 그 안에 수많은 의미가 내포되어 있었다. '백스토리' 역시 단순하게 '뒷이야기'로만 바꾸기에는 더 큰 뜻을 품고 있는 경우가 많았다. 결국 장면이나 뒷이야기로 단순히 해석할 수 있는 부분은 고치고, 자체로서 큰 의미를 담을 때는 그대로 사용했다.

의역과 직역 사이에서도 고민은 끝나지 않았다. 초벌 번역에서는 본문의 뜻을 충실하게 전달하고 싶은 마음에 단어 하나하나를 그대로 옮겼다. 자칫 원래 뜻을 놓칠까 하는 노파심에 '소심하게' 작업한 결과였다. 하지만 간결하고 핵심을 찌르는 게 이 책의 큰 장점 아닌가? 퇴고하는 과정에서는 이를 살리기 위해 노력했다. 장황하거나 늘어지는 부분은 원뜻을 최대한 살리는 범위 내에서 되도록 간결하게 정리했다. 본문에 소개되거나 예시된 이름은 영어 이름을 그대로 사용했다. 다만, 저자의 의도에 따라 본문의 내용을 설명하는 데 한글 이름이 더 적합한 경우는 그에 맞게 수정했다. 아울러 저자가 예로 든 영화나 드라마 등은 국내에 소개된 이름을 사용했으며, 아직 소개되지 않은 작품들은 원제와 함께 해석을 덧붙였다.

우리가 현장에서 마주하는 하루하루는 매번 책 한 권의 고민거리를 던져 주고, 우리의 선잠조차 설치게 한다. 이 책 한 권만으로 모든 것을 배웠다고는 할 수 없다. 책과 현실은 다르니까. 게다가 할리우드 제작 시스템을 바탕으로 한 이론서가 국내의 제작 현실을 100% 반영할 수도 없다. 그래도 제작진의 고민은 한 가지로 통한다. 좋은 영화 혹은 드라마를 만드는 방법이란? 번역의 늪 속에서 헤맬 때마다 그에 대한 확신을 가지고 작업했다. 이 책에는 오프닝은 강하게, 오디션을 보는 요령, 책정된 제작비를 적절하게 분배하거나 관객 혹은 시청자의 마음을 홀릴 수 있는 방법 등 지난 몇 년간 드라마를 제작하면서 놓치거나 의문을 품었던 사항들이 일목요연하게 정리되어 있다. 제목은 《영화학교에서 배운 101가지》이지만, 실제로 책을 읽다 보면 101가지 이상의 배움을 얻게 된다. 화려한 필모그래피의 감독이나 스태프들이 알고는 있어도, 한마디로 정리하지 못했던 영상 제작 지침들은 101가지에서 뻗어 나가 1만 가지 이상을 알려 준다. 저자는 시퀀스의 설정이나 앵글의 구성, 스토리 전개 등의 기초적이지만 중요한 관련 이론을 특유의 간결한 화법으로 풀었다. 거기에 더해 다년간의 제작 경험을 바탕으로 정리한 비법들은 바로 현장 적용이 가능할 정도로 생생하다.

Action!

그리고 다시 현실. 일과 함께 틈틈이 작업하는 과정은 녹록하지 않았지만, 제작 환경의 차이에서 오는 좌절감은 여전히 컸다. 할리우드에서는 촬영 현장에 가장 먼저 놓이는 간식 테이블이 우리 드라마 현장에서는 여전히 생소하다. 노동법의 강력한 규제를 받는 선진국에서는 있을 수 없는 아역 배우의 밤샘 촬영이 우리 환경에선 너무나 당연하게 이루어진다. 쪽 대본이라도 만나게 되면 머리는 팝콘 튀겨지듯이 달아오르고, 발은 무영각을 쓰는 무림고수마냥 절로 빨라진다. 일주일에 〈반지의 제왕〉 한 편에 해당하는 분량을 찍어야 하는 현실, 죽어라 찍어도 어쩌다 놓친 '옥의 티'에 상처받고, 제작사를 잘못 만나 밤새 고생하며 번 돈을 떼인 스태프에게 위로의 말 정도만 건넬 수 있는 무기력한 내 자신이 부끄러워진다. 사회 전반적으로 이루어지고 있다는 양성평등은 현장에서 온데간데 없다. 여성이 주 시청자라고는 하지만 여성 PD는 가뭄에 난 콩 같은 존재이며, 제작 현장의 진입 장벽은 턱없이 높다. 이곳의 미덕은 샘솟는 아이디어와 유연한 사고를 바탕으로 한 창의력이 아니라, 강철 같은 체력과 오랜 관행에 대한 적응력이다.

그래서 다시는 이 직업을 선택하지 않을 거냐고? 절대 아니다. 하기 힘들다는 백만 가지 이유에도 불구하고, 꼭 하고 싶다는 단 한 가지의 이유만으로도 충분하지 않을까? 기사를 작성하던 잡지사 기자와 친구 따라 강남 가던 고시생은 진정 하고 싶은 일을 찾아 이곳에 왔다. 지금도 온갖 이유를 대며 출발선에서 머뭇거릴 초심자에게 이 책은 소중한 첫발을 내디딜 용기를 줄 것이다. 아울러 힘든 현장에서 묵묵히 자신의 역할을 해 내는 '선수'들에게 이 책은 한 단계 도약할 수 있는 디딤돌이 될 것이다.

덧붙여 여러 고마운 마음을 전한다. 어지러운 시국 속에서 알게 모르게 도와 주신 MBC의 선후배님과 정

발산학파의 동지들, 드라마 스태프 여러분, 초반에 갈피를 못 잡는 우리에게 방향을 제시해 준 무비위크의 김경실 전 편집장님과 도서출판 은행나무의 박은경 님, 무엇보다 두 병아리 번역자에게 소중한 기회를 주신 이건복 대표님과 이상희 부장님을 비롯한 동녘의 여러분께 큰 감사를 전한다. 마지막으로 몇 개월을 함께 번역하느라 고생한 동료와 이 책의 독자에게 활짝 웃으며 말하고 싶다.

"고생 많았어, 이제부터 진짜 시작이야!"

2011년 9월

정지인 · 임찬

■ **지은이**

닐 랜다우
〈돈 텔 맘〉〈멜로즈 플레이스〉〈천재소년 두기〉〈황야의 7인〉〈인생이여 다시 한 번〉 등 20세기 폭스, 디즈니, 유니버설픽처스, 콜럼비아픽처스 등과 같은 할리우드 유명 제작사의 영화나 TV 시리즈의 대본 작업에 참여했다. 현재도 작가이자 자문 역할로 현장에서 뛰고 있으며, LA에 거주하면서 UCLA 영화과에서 학생들을 가르치고 있다.

매튜 프레더릭
건축가, 도시설계가, 교수이자 《건축학교에서 배운 101가지》의 저자. 〈~에서 배운 101가지〉의 창조자이자 전체 시리즈의 일러스트를 그렸다. 현재 매사추세츠 주 케임브리지에 거주하고 있다.

■ 옮긴이

정지인
2004년 《무비위크》 취재기자 입사. 2005년 MBC 드라마국 입사. 〈심야병원〉 연출. 〈환상의 커플〉, 〈에덴의 동쪽〉, 〈밥줘〉 외 다수 조연출

임찬
2008년 MBC 드라마국 입사. 〈내조의 여왕〉, 〈트리플〉, 〈살맛납니다〉, 〈글로리아〉, 〈애정만만세〉 조연출